숲길을 걷다

이성자 제2시집

오늘의문학사

숲길을 걷다

일러두기

본문에 사용한 '>'표시는 연과 연 사이의 '빈 줄'을 나타냅니다.

| 시인의 말 |

첫 번째 시집
『커피 풍경』을 만들고
다시 시작한 시 창작
건강이 좋지 않아 힘들었지만,
시에 대한 열정으로
조금씩 지어나간 시들이
예술인 복지재단의 혜택으로
세상에 나가게 되었습니다.
너무나 감사합니다.
노년의 새내기 시인의 인생에
너무나 감사할 일입니다.
함께하며 우리를 고무시키고
열정을 다하신
김명동 선생님께 감사드립니다.
모자라는 글을 평론해 주신
리헌석 선생님께도
깊은 감사를 드립니다.

| 목차 |

시인의 말 • 5

제1부 편지 오는 날

꽃꽂이를 마치고 • 13
기도 • 14
봄이 라일락 나무 위에 • 16
은행잎 • 17
편지 오는 날 • 18
숲길을 걷다 • 19
가을 1 • 20
가을길 채비 • 21
문턱에서 • 22
그 향기를 • 23
11월 끝날 • 24
가을 초대장 • 25
녹음은 사라지고 • 26
깻잎김치 • 27
능소화 • 28
아직은 • 29

제2부 들꽃

들꽃 • 33

봄 • 34

봄길 • 36

6월 소나기 • 37

세월의 강 • 38

붓꽃 • 39

장마 • 40

소나기 • 41

안부 • 42

7월의 편지 • 43

비가 온다 • 44

5월 • 46

여기 • 47

언제나 오는 계절 • 48

가을 마중 • 49

누가 묻거든 • 50

제3부 그대의 향기

까치집 • 55
친구야, 명금폭포 가보자 • 56
낙엽 • 57
고향의 그 산 • 58
낙엽 밟는 길 • 59
월류봉 • 60
그리움 • 61
감나무 • 62
불타는 가을 • 63
가을 잠자리 • 64
내 마음에 햇살이 • 65
노송의 향기 • 66
초록 바람 • 67
백 등꽃 • 68
그대의 향기 • 69
말 한마디 천 냥 빚도 • 70
금계국 핀 들에 • 72
우리도 • 73

제4부 계절의 굴레

여정 • 77
계절은 가고 • 78
느티나무 아래서 반성의 시간을 갖다 • 80
8월 • 82
장미 • 83
비 • 84
옥계폭포 • 85
포도 향기는 바람에 날리고 • 86
사과꽃 • 87
달밤 • 88
고목 • 89
봄 사랑 • 90
3월 • 91
계절의 굴레 • 92
가을 2 • 93
두려움 없습니다 • 94
새해 아침 • 95
친구야 • 96
황간역 • 98
가을은 • 100

작품 해설_문학평론가 리헌석 • 101

숲길을 걷다

제1부

편지 오는 날

꽃꽂이를 마치고

따뜻한 말 한마디가
고맙게 느껴지고
가슴이 훈훈해지는 요즈음이다
지금은 나이 탓인지
같은 일을 하는데 몸 움직임이 둔하여
일의 능률은 느려져 시간은 배가 되어
완성하는데 꽤
오랜 시간이 걸려 완성됐다

"수고하셨어요."
"너무 잘하셨어요."
이 한마디가
피곤함을 씻어주고
내 몸의 기능도 활발히 움직이게 한다

작품을 바라보는 시선에 미소가 흐르고
내 마음은 뿌듯하다.

기도

지나간 기억을 차곡차곡 쌓아
나이테를 만들어
한 해를 보내는 마음에 후회 없는 동그라미로
희망을 그리게 하십시오
잘못을 아는 시간이
너무 늦어 뉘우치고 후회하는
아픔으로 여린 가슴 멍들어
아파할 때 아직 늦지 않았음을
알게 하시고 감사하게 하십시오
허황한 꿈을 접고
웃음 가득한 가슴에 행복 가득 채워
작은 것에 만족하는
겸허한 자가 되게 하십시오
맑은 마음으로
세운 계획을 헛되이 버리지 않게 하시고
넘어지려는 찰나에
다시 힘을 주시어
일어설 수 있게 하십시오
받은 선물 고이 가슴에 간직하고
빛나는 눈으로 밝은 세상을
걷게 해 주십시오

오늘이 내 삶에서 가장 행복한 날임을 알게 하시고
감사하며 기뻐하고 평화스러움 안에서
하루를 살아가게 해 주십시오.

봄이 라일락 나무 위에

꽃도 잎도 다 떨구고
설한 추위 견뎌낸 인고의 시간,

라일락 가지에
잎이 없어도 꽃이 없어도
라일락은 라일락이다

봄바람이 불어와
앙상한 가지에
연둣빛 물을 날라
고이 뿌려 주고 갔다

또 살랑 불어와 물오른 가지에
분홍빛 선물들을
살짝 얹어 놓고 갔다

포근한 햇살
온몸 뻗쳐 켜는 기지개 따라
라일락 꽃향기
자꾸만 담장을 넘는다.

은행잎

바람이 부는 대로 날아와
살짝 어깨에 기대고
계절 따라온 노란 잎 하나
산책길에서
풋풋한 마음 열어
곁을 내어준 고운 모습
햇빛에 눈부신 빛
반짝거림이 황홀하다.

편지 오는 날

갈색 갈바람에
살랑이며 나는 노란 은행잎

늦가을
쓸쓸한 산바람이
기온마저 내려 마음은 추운데

흩날리며 내려오는
낙엽들의 군무
꽃인들 이렇게 예쁠쏘냐

산들바람이 불어와
향긋한 냄새 풍겨오면
마음은 어느덧 춤추는 발레리나

여미는 옷깃에
스며드는 늦가을의 정취.

숲길을 걷다

솔향기로 호흡하는 숲
구름은 한가롭게 놀고
산자락에 누워 잠든 시린 햇볕
바람은 낙엽을 질펀하게 깔아 놓았다

이슬이 내려와 촉촉해진
갈색이 호흡하는 길
폭신한 발걸음에
어느덧 올라온 산등성이 숲길

잡힐 듯 잡히지 않고
맴돌던 기억의 편린들이
달려와서 안긴다.

가을 1

녹음의 기억을 멀리 보낸 가을이
코로나19로 굳게 닫힌 포켓을 열고
오라고 손짓한다

화려한 색에 이끌려
낙엽 깔린 그곳에서
가을을 담아왔다

예쁜 하늘과 함께
노을도 서성이는
산들바람이
포켓 안으로 들어와 앉는다.

가을길 채비

푸름의 기억을 놓은 가을이
한낮엔 뜨거운 햇살
저녁엔 차가운 밤공기
커진 일교차로 제 색깔을 뽐내면서
단풍 물들이기에 분주하다
나뭇잎들은
주황 노랑 빨강 녹색의 그라데이션으로
절정에 물들은
이 화려한 11월
계곡 나무숲의 가을이
서서히 떠날 채비한다.

문턱에서

머뭇거리는 가을
햇살은 창가에서 서성이고
사연 담은 단풍잎
늦가을은
서릿발에 멍이 들고
소슬한 바람은 마른 가슴 울리고
시린 이별을 예약하며
낙엽은 뒹굴고
갈바람 소리 가슴을 울리는데
계절은 가자, 하고
사각사각 단풍길엔
밤새 내린 무서리에
말라버린 들꽃들의 서러움
바위틈에 얼굴 내민 노란 국화
매서운 추위에
꿋꿋이 홀로 웃는 고운 자태.

그 향기를

햇살 아래 반짝이며
불어오는 소슬바람에
옷깃을 여미는데

코끝을 스치는 향기가
당신을 그립니다
들꽃들의 소박한 빛깔 노란 꽃술

들녘의 흙냄새가
그리움도 담아
가을바람에 실어드리려 합니다

소박하게 드리는
이 피조물의 정을 받아주십시오.

11월 끝날

물이 나뭇잎으로 검어져 있는 달
십일월
가을이 도망가고
입동 지난 초겨울
낙엽이 날리는
별이 쏟아지는 밤길

서리가 내려오다 흘려 적신
반짝이는 조약돌
밤의 속살거림에
귀뚜라미는 울고

푸름이 환희로웠던
세월이 못내 아쉬워

나무 끝에 매달린
갈구어진 잎 하나
가랑잎 되어 날린다.

가을 초대장

하늘나라의 예쁜 초대장

가을 불러 물들이시고
바람 불러 날리시니
나무 끝에서 빙그르르
휘돌며 맴돌다 손 위에 와 앉습니다

푸름이 싱싱했던 모습은 아련하고
노랗고 빨강으로
변해 버린 얼굴 매혹적입니다

한세월 예쁨이 그대로
순응하며 녹아드는
아름다운 11월의 초대장.

녹음은 사라지고

초록이 푸름을 보듬고 아쉬움에 젖는다
떠나는 계절 위에 추억은 남고
우리의 일상에 즐거움을 주고

시선이 가는 곳마다
화려한 옷 갈아입은 잎사귀

길 위에서 고개 흔들며
뿜어내는 코스모스 향기

가장 화려하고 찬란한 때에
순리에 순응하는 네 모습

아쉽지만, 예쁜 단풍잎은 떨어져 뒹굴고
낙엽은 바람 따라가려다 휘청 몸을 날려
땅 위에 내려 몸을 굴린다

소슬히 스치는 한줄기 바람
가을비 불러와 스산하다.

깻잎김치

택배 받자마자
뚜껑 열고 꺼낸 속에
깻잎김치 웃고 있다
초록 잎에
고춧가루, 참깨, 양파
홍고추, 청고추
갖은양념이 젓갈로 맛 낸
간장에 버무려져
잎자루를 가지런히
켜켜이 누워 향기에 묻혀 있다
잎자루 하나 당겨
모락모락 밥숟갈에
얹어 먹는 이 맛
둘이서 두 장 아래위 갈라 잡고
위의 것 내 꺼
아래 것 자기 꺼
한 잎씩 나눠 먹는 이 맛
깻잎김치는 식탁 위의 명약
즐거운 밥상에
행복한 하루가 열린다.

능소화

위만 보고 오르느라
숨도 찼겠다

누가 봐주지 않는다고
위로만 올라갔니?

단 하루의 화려함으로
목숨 떨구는 안타까움.

아직은

가을의 미련을 안고 있는 겨울
스며드는 국화 향기
바람은 소슬하니
애처로운 노란 꽃잎
찬바람에 애처롭다

동장군 무장하고
지척에 오시니
호수 위를 건너온
너울 바람은 현실 작업 분주하다

하늘은
반가움으로
흰 눈 내려 마중하네요.

숲길을 걷다

제2부

들꽃

들꽃

지나다 무심코 눈에 띈 들꽃
초여름 바람결에
휘감아 피는 들풀 향기
풍성한 노란 물결에 밀려 앉아
고운 눈물 고여
맑은 웃음으로
피어나는 보랏빛 꽃망울
허리 굽혀 향기 맡아줄 이도 없는
척박한 바닥에 가는 몸 세워
바람과 춤추며 봄날을 노래하는
조그만 얼굴 네 이름이 뭐니?

봄

해님의 초대에 봄 아가씨 길 떠난다
눈 녹은 대지에 홀로 선 고목
고독에 젖은 앙상한 가지
바람이 부르는 소리에
적막을 털고 고개 들며 오는 봄
마중하며 초록잎 치장 바쁘다

조롱조롱 가지에 숨겨놓은
동그란 새싹들
겉옷 터트려 얼굴 내밀고
하얀 팝콘 터트린다

구름이 다가와
나무 끝에 걸려 방긋 웃는 미소

아름드리 벚나무
봄 한가운데로 나와
무성한 가지에
물 올려주는 바쁜 손길
여린 새싹들 방글
웃어 주는 정다운 자연

봄 아가씨 지나는 길
너, 나 없이 바쁘다.

봄길

따뜻한 봄 햇살 나들이에
마음은 고요하다

꼬물꼬물 돋아나는
새싹들의 옹알이
재잘재잘 이야기 소리
퍼져가는 생명의 불꽃
봄볕에 더 도톰해진 모습
발밑의 세상, 땅에서는 김이 오른다
조그만 얼굴들 낮게 포복하고
쉼 없이 부어주는 햇살에
하얗게 부신 눈
길가 목마름의 풀들은
포근한 온기에 뺨을 비비며
아픔으로 피어나고
아픔으로 짙어지는 들꽃의 향기
신록을 기다리는
햇살이 행복한 오후.

6월 소나기

우리 고장 오월은
화려한 금계국의 계절
소록소록 내리던 봄비
장미의 유혹 떨치고
5월에 편승해 떠나가고
세찬 소나기
통쾌한 음률 맞춰
고목 밑 물보라 일으키며 쏟아지니
낮잠 자던 우리 집 토리 놀라
집 밖으로 후다닥 튀어나와
하늘 향해 짖어댄다
숨어 있던 6월이 소나기를
몰고 와서 여름을 앞당긴다.

세월의 강

가슴에 담은 별 하나로
피어나는 꽃

먼 훗날
내 길 위에 소중한 흔적으로
뜨거움으로
활활 타오르는 횃불로

내 삶의 소망인
별이 되어
살아가는
인생길이 쉽지는 않은데

언덕길 오르듯 지쳐가는 이 길
최고이기보다는
최선을 다해
지치지 말고 용기를 내자.

붓꽃

보랏빛 꽃잎이 되어
바람 속에 서서
가끔은 나도 눈부신 햇살을
안고 싶다

내 안에 꽃봉오리로
더 예쁘고 싱싱하게
형형색색의 날개를
펄럭이며 날고 싶다

가끔은 푸른 꽃잎
향기에 날려
기쁜 소식 전하고 싶다.

장마

하늘도 날 닮아 건망중인가
수도꼭지 잠그는 걸 깜빡했나!
새며 넘치는 빗줄기
늦게 찾아온 장마
지각을 만회하려 그러는가
천둥 번개를 동반하고 요란하다
한반도 강수량의 30%를 충당한다는
6, 7월 장맛비 고맙다
습도가 높아서 찌는 더위
삶아질 것 같은 가마솥더위
머리가 띵하다
차가운 인견 홑이불에
더위를 식히며 오수를 즐기자
매미 소리 요란한데
7월 땡볕에, 들녘에 일하던 저 아재
목침 베고 코 고는 오후의 망중한.

소나기

바람은 자취를 감추고 찌는 더위
냉커피 한 모금에
더위를 여유롭게 물리치자

야생화 앙증맞은 화사한 자태에
후드득 대낮에
한바탕 쏟아지는 소나기
호랑이 장가가는 소리인가?
혼기 놓친 호랑이들이 부러워 심술인가

혼자 가지 말고 함께 가자고
억장 무너지는 천둥소리
밤새도록 하늘에 파열음이 울린다.

안부

그동안 소원했노라고
가내 두루 안녕 안녕하냐고
친구들은 여전히 잘 지내냐고
문득 안부가 궁금해진다
찰랑찰랑 물처럼 고여 오는 그리움에
폰을 들고 번호를 찍는다
더위에 잘 지내냐고
묻기보단 그냥 보고 싶고
건강은 어떠냐고 묻기보단
나는 아픈 데 없다고
말하는 안부를 묻고
걱정을 들을 수 있는
친구가 있어 행복하다.

7월의 편지

뙤약볕에 빛나는
7월의 조약돌
냇물 흐르던 강가엔 잡풀이 무성
뙤약볕에 살랑살랑
나뭇잎을 흔드는
바람 한 점
들꽃 향기인가 했더니
푸른 7월의 편지가
바람에 실려와 먼
추억 속으로 이끈다.

비가 온다

마른 갈잎 푸석거리는
옹달샘 가에
단비가 내려오니
두 팔 벌린 마른 가지
촉촉한 웃음을 담고

그리움과 함께 내려
상상의 나래들이
줄기 따라
젖어오는데
꿉꿉한 마음에
모닥불을 지펴본다

불꽃 위에
날아오르는 연기
정 많은 가슴에
빗방울로 흘러내려
먼 추억 속에 스며든다

비 내리는 겨울
울적한 내 영혼

사랑으로 감싸주는
그대 있으매 행복하다.

5월

하늘은 맑고
땅은 향기롭다
세상은 온통 꽃들이 흐드러지게 피고
연초록의 새순
앞다투어 피어나는 꽃잎
초록 바다에 파도치는
생명의 물결
뿌려지는 햇살의 유혹에
아름답게 피어나는
저마다의 이야기 소리
들려오는 풀꽃의 옹알이
퇴장해 버린 무대에 노란 의상
새로 올라온 무희들
굿 한마당이 흥겹다
5월의 들판은 온통 그들의 나라
봄바람에 몸 맡기고
넘실넘실 춤추는
화려한 금계국의 춤사위 속에
5월이 지나간다.

여기

헤매다 지쳐
갈림길 언덕에 와서
쓰러지기 직전

그래도
나를 반겨주는 이 있어
여기가 좋다
오늘을 걸어와

먼 길 힘겹게 걸어와
신발 바닥 흙 털고 들어와
쉴 여기가 있어
그래도 좋다.

언제나 오는 계절

어김없이 오는
이 계절은
그저 기다리고만 있으면
그냥 와서 내 곁에 앉는다

바람결에 날리는 코스모스
햇볕에 타는 나뭇잎들
물결치는 벼들의
한들거리는 춤사위.

가을 마중

바람이 조금 더 싱그럽다
계절은 항상 그러하듯이
여름이 가면 또 가을이 온다

코발트빛 맑은 하늘
뭉게구름 하얗게
목화솜 피어오르고

푸른 잎에 둘러앉은 풋감
예쁜 옷감 물들이며 소곤댄다

햇살 머금어 터질 듯한 미소
붉은 치마 갈아입고
노랑 저고리
나무 끝에 걸고

저 언덕 넘어
붉은 물결 넘실대는
가을 마중 나간다.

누가 묻거든

세월이 가는 길
아해야 묻지 마라

그것을 알려고
인생에 물어보고
바뀌는 계절을 살아봤는데
항상 변덕 많은 대답

꽃이 피고
바람 불고 비 오고
오색 낙엽이 날리고
백설의 눈이
해마다 오고 가는데
다 느낌으로도 알 수 있는 것

길을 물어봐도
대답을 들을 수 없는
우리네 인생길

〉
모두 다른 삶
성공의 덕담도 실패의 교훈도
지식으로도 알 수 없는 것

그저 오면 맞아들이고
가는 대로 배웅하며
사랑하는 임과 함께 기쁨으로
즐겁게 살리라.

숲길을 걷다

제3부

그대의 향기

까치집

외출한 엄마
기다리는 아가들
노란 부리 크게 벌려
엄마가 넣어주는
맛있는 까까 먹고
배가 불러 졸음이 솔솔
동그란 아가 방에
바람이 찾아와
시원한 향기 솔솔 풀어
꿈나라에서 놀고 있는
아가들 옆에서 같이 잠들어
바람의 미소에
온 세상 포근함에 젖는다.

친구야, 명금폭포 가보자

바윗길 천리를 달려와
천 길 낭떠러지 부딪치며
내려오는 물의 열정

떨어지는 세찬 물줄기
패여서 받아주는 대지의 평온함

가슴으로 맞이하는 바위
영롱한 물보라
흘러내린 물은 연못을 만들어

시원함을 나누는
평화로움이 머무는
금오산 명금폭포 가보자.

낙엽

폭염을 이겨낸
주홍빛 열정

아무도 쓰지 않는
화려한 옷 걸친 엽서

성큼 다가선 가을이
왔다고
엽서를 쓰자

온 세상에 퍼지는
가을 향기

우리 삶 안에서
그 향기
담을 우물을 파자.

고향의 그 산

얼마 만인가
사계절을 엮으며
마음으로만 다녀오길 몇십 년

멀리 고속도로 지나며
고개 돌려 바라보던
그 산 밑에서
큰 저수지 지나 폭포 지나
고승이 수도했다는 석굴을 지나

오르고 또 오르고
두 개의 정상 봉우리까지
그저 마음으로만 올라갔다 다시
내려오는 그 산

하루에도 몇 번씩
올라갔다 돌아오는 산
눈(眼) 속에서 오로지
50년대에 머물러 있는 그 산.

낙엽 밟는 길

흐르는 시간에 맞춰
가을이 길목에 섰다
완두콩 색 여린 가지는
꺼슬꺼슬한 갈색으로
초록 나뭇잎들
인주 색으로 변해 가고
그 잎사귀 사이로
쏟아지는 햇살
온 세상이 붉은 광채
고향 산 가을 산 풍경
눈부시게 풍요롭다.

월류봉

월류봉 자락에
쌍무지개 피어나면
산들바람 불어 날개 퍼덕인다
봉우리에 휘감긴
구름 머물러 있기 어려워

바람 인사…
다소곳한 춤사위

봉오리 사이로
얼굴 내민 달
초저녁 어둠 거두고
환한 빛으로 솟아나는
순결의 하얀 얼굴.

그리움

삶의 모퉁이를 돌아온
기억 속에 맴도는 그리움
지워지지 않는
오래도록 머물고 싶은
한 조각의 인연
고스란히 추억으로 남겨
꼭꼭 마음에 새겨 담고 싶은
아름다웠던 그때 그날들
다시 돌릴 수 없으니
이를 어떡하나!

감나무

하늘은 비췻빛
뭉게구름 한가롭다
봄바람에 꽃 피워
한여름 뙤약볕에
동그란 송이처럼 커온
짙푸른 땡감
가을볕에 노오랗게 익어
허리 굵은 고목 까만 팔뚝에
조롱조롱 매달려 탐스러움이 예쁘다
햇살 함께 잎새 뒤에 앉아
제 색깔 갖추어 세상에 나와
형형색색 등불 밝혀 세상에 나온 홍시들
눈부신 하늘
감 향기 실은 솔솔바람
풍요로운 가을의 맛.

불타는 가을

능선마다 붉고 노랗게
가을 하늘이 바람 잡고 부딪혀 온다
햇님의 포옹 설레는 가을
은행나무 노란 융단 깔고
수줍어 빨갛게 타는 화살나무
의연한 초록이 타는 불꽃 재우고
서로 잡고 부딪혀 내는 갈색의 화음
산마루 날아오는 가을 냄새에
녹음은 저만치 떠나가고
갈 길 바쁜 나뭇잎은 떨어져
땅에 내리지 못해
바람 따라 급히 가고
길을 가다 만난 이 가을은
타는 맘 못다 한 정열로
온통 붉고 노랗다.

가을 잠자리

빨간 고추잠자리
반짝거리는 영롱한 날갯짓
나뭇가지 끝에 앉아 가쁜 숨 애처롭다
커다란 눈 굴리며
지나온 발자취를 더듬는가
불볕 담은 건강함
후회 없이 날아온 지난 시간을
날갯짓에 담아
숲 사이 돌아오는 가을맞이
떠나가 버리는 여름 붙잡지 못하고
소리 내어 한 바퀴 돌아 비행하여
키 큰 말뚝 끝에 앉아
앞발 모아 고개 숙이며
마지막 홀로 남아
큰 눈망울 굴려
하직 인사하는 빨간 잠자리.

내 마음에 햇살이

앞개울의 버드나무 단풍 사이로
흩뿌리며 날아오는 가을 색깔
햇빛 속에 영롱하다
코발트빛 하늘
뭉게구름 하얀 미소가
햇살 끝에 걸터앉아
붉은 정열의 대자연
결실의 전시장에 미소를 던진다
고운 빛깔 들꽃 향기로
가을 속에 퍼져있는 흙냄새
따가운 가을빛에
익어가는 대자연
내 마음 가을 햇살에 물든다.

노송의 향기

하늘은 쪽빛
호젓한 산길에 향긋한 솔향기
푸른 산 맑은 물에
구름은 분주하다
호젓한 길가에
고고히 서 있는 아름드리 노송
비석 앞세우고
둘레에는 줄을 치고
그 위용 가히 수려하다
기품 있게 살아온 청아한 기운
산길에 갑자기 내리는
호랑이 오줌 같은 빗방울
빗물 고인 구덩이에
어둑한 녹색 하늘이 그려진다
풀냄새 싣고 날아온
노송의 그윽한 내음
팔을 간질이던 빗방울
굵은 비 되어 뺨을 때린다.

초록 바람

바람 타고 능선 길을
가파르게 밀고 올라와
야산 봉우리 바위 위에 올라서니
넘실대는 초록 물결이 발 아래
바람이 햇볕 아래 졸고 있다
마주치는 나무 향기
고운 새의 울음
숲이 내는 산바람 소리
산그늘에 떨어진 잎
꽃비 되어 날고
부드러운 산길로 유혹한다
숲에 들어오면 이 모든 것이 내 것
약속 없이 찾아와 자리를 펴자
아늑하고 포근하게 맞아주는
싱그러운 초록 바람.

백 등꽃

하얀 꽃 은은한 향기
싱그러운 연둣빛 이파리에
풍성히 꽃을 피워 내어
하얀 그리움 실어
살랑이며 다가오는 봄바람
오월의 하늘을 담아
날아오는 신선함
봄마다 찾아와
담 위에 하얗게 피어
잡힐 듯 잡히지 않는
먼 옛 추억 끄집어내어
조롱조롱 매달린
함초롬한 네 모습
바람은 비를 불러
먹구름 스산한데
사랑에 취한 너
바람개비에 하얀 몸을 돌린다.

그대의 향기

바람 따라
강물 따라
함께 날아온 그대의 향기는
풀 내음 꽃 내음
상큼함 들꽃이네요
꽃향기 퍼지는
오솔길 언덕에
지워진 흔적의 희미한 발자국
보이지 않아도
앞산에 하얗게 피어
잡힐 듯 잡히지 않는 그대 향기
장맛비가 흐려 놓아도
바람에 향기로운 마음을
오래 친해지고 싶은
옛 추억 따라 흘러가는 옛이야기.

말 한마디 천 냥 빚도

프랑스의 휴양 도시 니스의 한 카페에는 이런 가격표가 붙어 있다고 한다.
Coffee! : 7 Euro
Coffee please! : 4.25 Euro
Hello Coffee please! : 1.4 Euro

커피- 라고, 반말하는 사람에게는 7유로
커피 주세요- 라고, 주문하는 사람에게는 4.25유로
안녕하세요? 커피 한 잔 주세요- 예의 바르고 상냥한 손님에게는 1.4유로 즉 2,000원을 받겠다는 얘기입니다. 기발한 가격표를 개발한 가게 주인은 손님들이 종업원에게 함부로 대하는 것을 보고 아이디어를 냈다고 합니다. 다시 말해 그 가게에서는 말 한마디를 예쁘게 하는 것으로 똑같은 커피 10,000원짜리를 1/5의 가격인 2,000원으로 마실 수 있는 셈입니다.

우리나라에도 여봐라! 고기와 여보게 고기가 있습니다. 인간에게만 주어진 말, 지혜가 곁들인 고귀한 말 가볍게 사용하지 맙시다. 자다가도 떡이 생기고 천 냥 빚도 갚는다는 이 말을 가슴에서 훈훈한 온기 퍼 올려 따뜻한 말로 건넵시다. 한 송이 꽃에 장미 향기 더 채워서 바치는 그대를 향한 예쁜 마음으로 말합시다. 발 없는 말 천리까지 오면서 덕지덕지 붙은 곁가지들 다듬어서 곱게 보냅시다.

가슴까지만 닿으면 됩니다. 정다움 담아 미소 띠어 보냅시다. 을러대고 거세게 막 대하지 맙시다. 아까 낮에 포켓에 두 손 찔러 넣고 서서 무시하고 쏘아대는 녀석의 언어폭력에 고뇌와 체념에 찬 노인의 고달픈 얼굴이 오버랩되어 사라지지 않는 우울한 이 밤,

훗날 중년의 바른말 지킴이가 너였음….

금계국 핀 들에

노란 금계국 흐드러진 들판에
개망초 하얀 꽃무리 어우러져 아름답다
피고 지고 풍성한 들녘
연초록 방석 깔고 만발한 황금 꽃물결
하얀 몸 키재기로 사이사이 들앉아
방둑 옆 길옆에 무수히 피었다

여름 길목에 피어나
작열하는 햇볕에 지칠 줄 몰라
생명의 비, 끝없는 사랑을 받아
촌색시 순진한 예쁨
7월의 폭염에 그리움은 잠자고

씨앗 영글어
자루에 담아 머리 위에 얹고
곁가지로 나온 여린 꽃대의 방글거림에
앙상한 마른 꽃가지 세워 미소를 보낸다

들꽃 향기는 미풍에 날아오고
창공에 뜬 흰 구름 함께 행복이 퍼진다.

우리도

마스크를 쓰는
일상이 생활화된 지금
사회적 거리 두기로 서로가 떨어져
만나지는 못해도
마음만은 항상 곁에 머물러
셋만 모여도 사기그릇 깨지는 청춘은 아니어도
만나면 쌓인 회포 풀어낼 실타래,
마음 한 켠에 꽁꽁 말아둔 우리들 이야기
우리도 깨소금 볶는 우리 나름의 이야기가 있다

그저께 오랜만에 모임에 갔다
잡다한 이야기 속에
커피처럼 향기로운
우리들의 옛이야기 꽃이 핀다
망각 속으로 묻혀 간
그때의 추억들을 솔솔 헤집어내는 친구,
친구야 우리 시간 여행 가자

"차암, 너거 며느리 선샘 잘 있재?"
"그래, 너거 손녀 공부도 잘하고 참 예쁘다 캐 쌌더라."

숲길을 걷다

제4부

계절의 굴레

여정

작은 바위 물풀 사이에
멈춰 선 시냇물
강물 따라 바람 따라
흘러온 긴 여행

강변에 늘어진 풀 허리 쓰다듬으며,
바위에 부딪히며 물보라 흩날리며
새벽 강을 건너는
곤고한 삶의 철썩이는 소리
넓은 수평선에 낭만의 배 띄우고
묵묵히 흘러와
희로애락 품어 안고
샛강 갈라져 흘러온
기나긴 여행

시냇물 얕은 바위에
맴도는 동그라미.

계절은 가고

코로나19 팬데믹
전 세계가 앓으며 문을 걸어 잠갔다
오가는 발자국 소리 하나 없는 호젓한 양지
파란 하늘엔 흰 구름
5월에 온 네가 초복을 건디며
태양 아래서 시든 몸이 힘겹다
솜털에는 가시가 촘촘한 꼿꼿한 몸 커다란 얼굴
보고 싶음에 빠알간 그리움
방글거리는 미소에 담고
찾아온 벌님 맞아 휘청거리는 가녀린 꽃대
감출 길 없는 함박웃음
마음 들켜 수줍다

주고받는 기쁨의 춤
벌과 함께 만족의 몸짓 한들한들
꿀을 내어주고 물물교환한 큰 선물

인간에게 해가 되는 게 너에게는 없다
다 버리고 이름조차 앞에 "개"를 붙였다
그래서 너는 우리 곁으로 올 수 있었다
개양귀비꽃

네가 곁에 온 게 어제 같은데
작열하는 태양 아래 빛나는 고운 자태
초복 날 즈음에 너는 떠나가려 하느냐

꽃은 영글어
까만 씨앗 자루에 담아 머리 위에 고이 걸어두고
떠날 준비에 서러운 정 토한다

시절이 어수선한 이때
잠깐의 망중한
아름다운 너를 보며 쉰다.

느티나무 아래서 반성의 시간을 갖다

마을 앞 느티나무 자라서 정자나무 되었다
키 크고 몸도 커서 사방으로 가지를 뻗고 큰 나무로 자랐다
밑둥치에서 내 키의 두 배 높이에서 갈라진
큰 가지 두 개가 위로 자라면서 또 6개의 큰 가지가 또 뻗어나
잔가지는 촘촘 푸른 잎은 풍성
수려한 큰 나무가 되어 위용이 걸걸하다
풍성한 잎사귀는 시원함을 더한다
우람 우람한 모습은 마을의 이정표
7월 땡볕에
녹음이 짙어진 초록 그늘을 만들어 시원함을 준다
이 그늘에 들어오면 더운 몸의 나른함도 풀리고
시원함은 배가 되어 생기가 돌아
나무의 고마움이 나의 정신까지도 새롭게 해 준다
인간인 난 다른 이들에게 그늘이 된 적이 있었는가
더위에 지친 사람들의 마음속에 파아란 생기 돋워 식혀주고
생기가 돋아나는 작은 그늘막 하나 쳐놓지 못해
뙤약볕을 나 자신도 가리지 못하는, 줄 것 하나 없는 나
아무나 어느 때든
자유로이 남을 위한 그늘을 만들 기회를 나누지 못한 내가
느티나무보다 못한 인간이 되어서야 되겠는가

느티나무의 시원한 그늘을 바라보며
나누는 정을 실천해 보자는 반성의 시간을 가진다
내가 쳐놓은 작은 그늘막으로 들어와
아무도 찾아오지 않는 내 곁에서 시원함을 나누고
정담도 나누고 원망은 식히고
초록 빛깔 휴식을 취하게 해주었으면 좋겠다.

8월

8월의 첫날 태양은 끓고
바람 따라온 열이 온도계를
36℃로 덥혀 더위에 삶고 있다
정원의 꽃과 풀은
꽃물이 들어 천지가 아름답다
더위에 지치지 않는 자연의
싱그러움
너희는 우리의 역할도 하니.

장미

장미야, 왜 그리 예쁘니?
넝쿨에 숨어있는
봉오리들의 미소
붉은 색깔 담은 모습
더욱 황홀하다
햇빛 향해 뿜어내는 정열
취한 듯 다가가
가지고픈 마음
담을 그릇 찾다가
마음에 담았다.

비

새벽잠 깨어 듣는 빗소리
고요히 속삭이며
살포시 내려오는 하늘의 선물
메마른 이 땅에
싱싱한 초록이 빗물 함께
8월을 불러온다.

옥계폭포

천 길 물길 따라 숨 가쁘게 흘러와
깎아지른 절벽 위에서
떨어져 내리는 물의 요정들이
물보라를 일으킨다
영롱한 꿈의 세계
초록 초록한 초여름의
싱그러운 풀 냄새 맡으며
산새들 노래
폭포 소리에 어울려
아득한 옛날, 박연의 피리 소리
영롱한 음률이 애간장을 태운다.

포도 향기는 바람에 날리고

포도밭에 핀 보랏빛 웃음
농부의 땀방울이 배인
촉촉한 이랑에
어제 뿌린 정담들이
향기로 흩날린다
뻣뻣해진 뒷목
주무르는 아낙의 손아귀에
남은 힘이 힘차다
종이로 지은 집에
터질 듯 앉은 송이들
알알이 익어
행복한 웃음으로 향긋함을
바람에 실어 보낸다
달콤한 포도 향기
날라다 주는 바람 함께여서
참 행복하다.

사과꽃

시월의 마지막 날
이웃 시인네 마당에
사과꽃이 피었답니다
하얀 조그만 얼굴
어쩜 이리도 예쁠까
가을 꽃놀이를 하고 왔다
식물엔 상황 판단할
뇌세포가 없으니
가을 끝머리
시월 햇살에 눈 비비고 나와
다소곳이 웃고 있었다
계절을 잊은 네 모습
우리 동네 가득 기쁨을 나누는
마을이었으면 좋겠다.

달밤

입동 지난 차가운 하늘
별들은 숨어 고요한데
내 마음 상념에 젖어
올려다본 하늘
환히 웃는 포근한 둥근 마음
하얀 밤 홀로 떠서
한 갈래로 비춰주는
푸른 달빛이
온 세상 쉬는 숨결에
고요히 웃고 있다.

고목

바람이 몰아친다
마을 입구 큰 나무,
폭풍과 맞서다 큰 가지 부러졌다
바람에 꺾인 그 상처 너무 커서
커다란 굴이 되었다
아픔을 이겨내고
기품 있고 우아한 자태로
고목은 푸른 잎과 꽃을 피우고
짙은 향기는 멀리까지 퍼져나가
그곳에 사람들은 쉼터를 만들었다
폭풍은 고목을
여러 사람이 멀리서도 바라보고
와서 쉬고 싶어지는
쉼터가 되게 했다.

봄 사랑

봄바람이 살짝 깨운 개나리 눈꽃
따뜻한 햇살의 정에 노란 기지개 켜고
갖가지 나무들 반가움에 꽃망울 터트린
이슬 맺힌 그리움이여
매화나무 잠 깨어
자줏빛 눈꽃 틔운 나뭇가지
물오른 새순들의 잔치
햇님 손짓 반가워 다섯 잎
살짝 홀로이 올라온 매화여
봄날의 사랑에 생명의 꽃들이 익어간다.

3월

3월이 가고 있으니
백목련이 잎보다 먼저 나뭇가지에 달려
비단결 하얀 얼굴
우아하고 아름답다
해님의 웃음에 꽃망울이 터지고
진달래 개나리 더불어
꽃잎에 향기 가득 담아 날리니
나무와 풀잎들 연둣빛으로 색을 맞춰
아름다운 봄 색깔로 봄꽃들은
제자리 찾아 앉으니
어우러진 봄 향기 멀리 퍼져
온 누리는 아름답고 평화롭다.

계절의 굴레

3월의 따스한 햇볕에 물오른 나뭇가지
꽃들은 탐스러운 봉오리 열고 때맞춰 피어나니
봄 잔치 풍성하다 서로가 어우러져
온 천지가 아름다운 꽃동산
햇살이 보내는 따스한 온기에
생명은 활기를 찾아
여기저기서 들려오는 노래
봉오리가 풍성하다
아름다운 들녘 햇살이 보내는 따스한 온기
꽃이 피는 소리에
방글거리는 얼굴들 생동하는 만물
어여쁜 꽃들 우리 몸도 봄 햇살에 녹아든다.

가을 2

바람이 낙엽을 데려왔다
무겁게 들고 온
물감 풀어
사뿐사뿐 그려 놓은
붉은 산야
은행잎 단풍잎이
노란 손수건을 흔들고
매끄러운 붓 터치
바람과 함께
가을이 내 곁에 앉는다.

두려움 없습니다

장마가 왔습니다
130㎜ 이상의 큰비가 예고되어 있습니다
날씨가 성질을 세게 부립니다
폭우가 대단합니다
그러나 두려워 말게 해주십시오
십 리 밖 하늘에서부터 천둥과 번개가
요란한 존재감을 과시하고
천둥의 두드림과 번개의 불화살도 두려워 말게 해주십시오
앞개울 황토물이 범람하여
앞마당이 진흙탕이 되어도
휩쓸려 간다고 해도 두려워 말게 해주십시오
그래도 햇님 달님 바람 공기는 여전히
우리 곁을 지켜주고 있습니다
따갑도록 따스한 햇볕이 돌보아 주고 당신
또한 우리 곁에 있으니, 모든 것 다 편안합니다
와주시고 다녀가시니 감사합니다
비 피해로 아픔을 겪는 이웃들을 찾아가 주시고
아픈 이들을 보살펴 주시어 마음을 어루만져 주시니
감사합니다.

새해 아침

임이 주신
한 아름의 선물 고이 안고
모여 앉은 생명의 식탁

햇살 당겨 품에 안은
불타는 마음들
말씀이 함께한 여명의 아침

조촐한 두리 밥상
김 오르는 떡국
미소가 솟아나고
피어나는 사랑의 향기

정 담아 끓여 낸
따뜻한 커피 한 잔에
녹아내리는 사랑
햇살은 퍼진다

임이시여!
그
이름만으로도 충만해집니다.

친구야

　친구야 보고 싶다. 언제나 생각나는 친구
　이 친구는 그냥 마주보고 웃으며 얘기만 나누고 와도 돌아오는 내내 마음이 행복하다. 외출에서 친구 집 부근을 지나갈 때면 일부러 핸들을 돌려 낯익은 골목길로 들어선다.
　그냥 초인종을 누른다. 집에 있다. 얘는 언제나 헛걸음 안 시키는 친구다. 잠깐 들러 얼굴이라도 보고 싶어 갑자기 찾아가선 그냥 커피나 한잔하면서 이 얘기 저 얘기 나누다 돌아오는 짧은 만남의 시간도 그냥 만나니 좋다.
　그냥 아무 때나 찾는 친구, 청소년 시절부터 그렇게 지내왔다. 만나자마자 우리는 여전하다. 금방 시간은 밥시간, 빨리 가는 시간이 아쉬워도 못내 일어나 가야겠다고 하면 극구 붙잡는다. "너 때문에 밥 일찍 하는 기다. 언제 또 올 건데. 더 있다 가라." 주저앉히고 일어서고 몇 번을 일어섰다 앉히다 하다 보면 딩동, 남편 귀가 시간 더 못 일어선다. 더 웃고 떠들어야 한다. 활짝 웃으며 반기는 남편, 오빠 같다. 만나면 얘깃거리도 많아 그저 웃고, 담소만으로도 그저 좋은 친구다.
　그런데 어느 날 전화해도 받지 않고 문자 넣어도 보지 않고 초(秒)가 닳게 톡을 들여다봐도 열어본 흔적도 보낸 문자도 없다. 톡을 친 게 몇 번인가. 참 오랫동안 무심히 보낸 것 같다 싶어 날짜를 짚어보니 어언 달포, 갑자기 찾아가선 그냥 커피나 한잔하면서 이 얘기 저 얘기 나누다 돌아오는 짧은 만남의 시간 좀 뜸했던 게 벌써 달 포, 몇 달이나 지난 것 같다. 혹시 어디 아픈

가? 해외여행 갔나? 혹시? 오늘도 폰에선 '전화가 꺼져 있어…' 소리만 들릴 뿐. 서운함은 궁금함을 넘어 혹시? 가 자리를 잡는다.

몇 날을 소식이 없었던 그때, 그 친구는 먼 나라로 여행을 떠났단다. 중년이 지나고 노년이 되니 불현듯 찾아 나설 여력이 없다. 같은 시내 저쪽 골목집이 아니다. 100㎞ 이상 달려가야 만나는 친구가 되었다. 아프단 소식 없었고 그리 오래되지 않았다고 생각하며 목이 메는데… 거의 달포가 지났네. 그 짧은 동안에 가버리다니…. 아프다, 아프다.

가슴 깊숙이에서 찔려오는 이건 뭔가? 친구야, 네가 보내는 하트(❤)니? "명은 아무도 모릅니다. 그렇게 빨리 가실 줄 누가 알았겠습니까? … 그래도 고생 안 하시고 편안히 눈 감으셨습니다." 호상이란 말은 입속에서도 맴돌지 않는다.

친구야, 잘 가라~ 안녕—.

황간역

 가을비가 추적대는 어느 날 문득 떠나 찾아온 시골 고향 역, 비가 갠 대합실 앞 좁은 광장에는 옹기 단지들이 시를 배불리 안고 낯선 객을 맞이한다. 문을 열고 들어선 역사 안은 인기척이 없고 한쪽 면을 차지하고 있는 각종 작품만 눈길을 끈다.

 역사 안은 햇빛 한 조각이 들어와 잿빛 바닥을 비추고, 실내 공기가 아주 쾌적하다. 줄을 서서 기차표를 사던 창구에는 인기척이 없고 고즈넉하여 절간처럼 고요한 느낌이다. 열차가 빠른 속도로 통과하여 지나가는 소리.

 그때 대합실로 들어선 청년 하나 옆도 보지 않고 그대로 홈으로 직진하여 들어가고 곧 홈으로 기차가 들어오는 소리 잠시 멎는 소리. 곧 떠나는 소리 잠시 뒤 또 한 대의 기차가 서는 소리와 함께 도란도란 사람의 말소리가 따라 들어온다. 어린아이의 맑은 재잘거림 둘 셋 다섯 사람의 목소리, 소리 높여 얘기하는 어린아이의 말소리가 그동안의 정적을 깨며 신선하다.

 기차 떠나는 소리 제복 입은 역무원이 저들에게 무어라 인사말을 하고 출구의 각목을 옆으로 돌리고 방울새들이 대합실 밖으로 사라지고 또다시 적막이 흐르는 대합실 높은 유리창 안으로 들어오는 가을 오후의 태양이 화창하다.

시끌벅적한 대합실은
먼 옛날이야기,
또다시 고즈넉한 적막이 감도는,
코로나가 바꿔 놓은 황간역 대합실
돌아서 나오는 발길에
먼 옛날이 걸린다.

가을은

가을이 와주어
기분 좋은 아침
가벼운 만남에
설렘의 파도

물감 풀어
익어가는 이삭들
바람 불어와
선선해진 우리 사이

풍요와 미소가
행복의 더미 속에서 손짓한다.

| 작품 해설 |

라일락 꽃향기처럼, 보랏빛 웃음처럼
- 이성자 2시집 『숲길을 걷다』를 감상하고 -

문학평론가 리 헌 석
《한국예술뉴스》 발행인 겸 회장

1. 담장을 넘는 라일락 꽃향기

위만 보고 오르느라
숨도 찼겠다

누가 봐주지 않는다고
위로만 올라갔니?

단 하루의 화려함으로
목숨 떨구는 안타까움.
- 「능소화」 전문

이성자 시인은 아름다움을 추구하는 분입니다. 그 중심에는 꽃이 있고, 함께 살아가는 이웃이 있고, 끝없이 존재하는 자연이 있습니다. 아름다움이란 때때로 애절하리만큼 슬프기도 하지만, 오히려 슬퍼서 시인은 아름다운 사물에 집중합니다.

  6행의 단형시 형식으로 형상화한 「능소화」, 능소화는 지주목(支柱木)을 타고 위로만 올라갑니다. 꽃을 피운 능소화는 누군가에게 보이기 위하여 위로만 오르는 것 같습니다. 그러나 수많은 서사와 묘사를 생략한 채, <하루의 화려함으로/ 목숨 떨구는 안타까움>이라는 역설로 간결미를 생성합니다. 이성자 시인은 간명한 형상화에 능숙하지만, 섬세한 필치로 아름다움을 구현하는 데에도 재능을 보입니다.

    꽃도 잎도 다 떨구고
    설한 추위 견뎌낸 인고의 시간,

    라일락 가지에
    잎이 없어도 꽃이 없어도
    라일락은 라일락이다

    봄바람이 불어와
    앙상한 가지에
    연둣빛 물을 날라
    고이 뿌려 주고 갔다

    또 살랑 불어와 물오른 가지에
    분홍빛 선물들을
    살짝 얹어 놓고 갔다

    포근한 햇살

> 온몸 뻗쳐 켜는 기지개 따라
> 라일락 꽃향기
> 자꾸만 담장을 넘는다.
> 　－「봄이 라일락 나무 위에」 전문

　이 시는 겨울의 터널을 지나 막 봄에 이르러 '시간적 질서' 위에 쌓은 '정서의 탑'입니다. 초봄의 라일락이 시의 중심을 이룹니다. 라일락은 지난해 여름에 꽃을 떨구었을 터이고, 늦가을에 잎을 떨군 채로, 겨울의 설한(雪寒)을 견디어 냈을 터입니다. 그 기간이 '인고의 시간'이었을 것이며, 서정적 현재에는 꽃도 없고 잎도 없는 '나목(裸木)' 상태입니다.
　벌거벗은 라일락에 시인은 사유의 옷을 입힙니다. <라일락 가지에/ 잎이 없어도 꽃이 없어도/ 라일락은 라일락이다>라는 근원적 명제를 대입합니다. 이러한 인식의 바탕에 의인법을 원용하여 시에 점층적 활력을 불어넣습니다. 봄바람이 연둣빛 물을 날라 잎을 피우고, 다시 분홍빛 선물을 살짝 얹어 꽃을 피웁니다. 포근한 햇살이 늦봄과 초여름에는 라일락 꽃향기가 담장을 넘어 세상을 더욱 아름답게 노래합니다. 이러한 정서가 곧 이성자 시인이 추구하는 시심(詩心)입니다.

2. 바위 곁에 맴도는 시냇물 동그라미

> 작은 바위 물풀 사이에
> 멈춰 선 시냇물
> 강물 따라 바람 따라

흘러온 긴 여행
　　　--- 〈중략〉 ---
　　　시냇물 얕은 바위에
　　　맴도는 동그라미.
　　　 　- 「여정」 일부

　이성자 시인의 「여정」은 흐르는 시냇물을 통하여 '사람살이'를 비유합니다. 상류에서 보이는 시내에는 작은 바위나 돌이 놓여 있고, 그 사이사이에 다양한 물풀이 자랍니다. 도랑물이 시내를 이루고, 다시 여러 시내가 모여 강을 이루는 여정이 작품의 중심을 이룹니다. 강변에서 바위를 만나면 바위에 부딪혀 물보라를 흩날리기도 하고, 때로는 〈새벽 강을 건너는/ 곤고한 삶의 철썩이는 소리〉도 만들고, 넓은 수평선에 낭만의 배를 띄우기도 하는 것, 즉 사람들이 살아가는 양상을 떠올리게 합니다.

　이 작품의 백미(白眉)는 강을 이루기 직전의 시내를 묘사한 부분입니다. 〈시냇물 얕은 바위에/ 맴도는 동그라미〉를 유추하게 합니다. 천변에 바위가 있었던가 봅니다. 바위를 휘감고 내려가는 물들이 소용돌이를 이루면, 그 주변은 깊이 파이게 마련입니다. 소용돌이가 만드는 곳에는 '작은 동그라미'와 바위를 포함한 '큰 동그라미'가 생기는데, 시인은 작은 동그라미를 노래한 것 같습니다. 시냇물의 여정과 사람이 살아가는 양상을 일체화시킨 비유처럼, 사람이 사는 곳에도 희노애락(喜怒哀樂)의 여정이 있게 마련입니다. 그중의 하나를 세밀하게 묘사하고 서술한 작품 「깻잎김치」를 감상하기로 합니다.

　　　택배 받자마자

뚜껑 열고 꺼낸 속에

깻잎김치 웃고 있다

초록 잎에

고춧가루, 참깨, 양파

홍고추, 청고추

갖은양념이 젓갈로 맛 낸

간장에 버무려져

잎자루를 가지런히

켜켜이 누워 향기에 묻혀 있다

잎자루 하나 당겨

모락모락 밥숟갈에

얹어 먹는 이 맛

둘이서 두 장 아래위 갈라 잡고

위의 것 내 꺼

아래 것 자기 꺼

한 잎씩 나눠 먹는 이 맛

깻잎김치는 식탁 위의 명약

즐거운 밥상에

행복한 하루가 열린다.

  - 「깻잎김치」 전문

　새천년을 맞으면서 우리가 사는 사회는 상전벽해(桑田碧海)라 할 정도로 풍속도가 바뀌었습니다. 'TV 홈쇼핑'이나, '인터넷 쇼핑'의 여파로 시장 상품을 구입하는 것보다, 집에서 받아보는 '택배'가 일상화되었습니다. 필요한 상품을 찾기 위해 시장을 돌아다니지 않아도 컴퓨터나 휴대폰으로 쉽게 탐색할 수 있습니다. 발품을 팔지 않아도, 문 앞에 배달해 줍니다. 시인은 시골에서 담아 먹을 수 있는 '깻잎김치'까지도 택배의 도움을 받습니다.

 일상을 시로 빚을 때에는 표현의 '맛'과 '멋'이 있어야 공감하게 마련입니다. 〈뚜껑 열고 꺼낸 속에/ 깻잎김치 웃고 있다.〉는 의유(疑諭) 속의 의인화(擬人化), 그다음에 서술과 묘사가 진행되다가 다시 〈간장에 버무려져/ 켜켜이 누워 향기에 묻혀 있다〉는 의유(疑諭) 속의 활유법(活喩法), 다시 서술과 묘사로 진행되다가 〈즐거운 밥상에/ 행복한 하루가 열린다〉는 탁월한 비유가 작품에 온기를 부여합니다. 〈깻잎김치는 식탁 위의 명약〉이라고 은유하며, 가족 사이의 사랑과 행복을 공유하며, 시인은 일상을 아름답게 표현합니다.

3. 포도밭에 핀 보랏빛 웃음처럼

  포도밭에 핀 보랏빛 웃음
  농부의 땀방울이 배인
  촉촉한 이랑에
  어제 뿌린 정담들이
  향기로 흩날린다
   – 「포도 향기는 바람에 날리고」 일부

 포도 농사를 잘 짓는 것은 참으로 어려운 일이라고 들었습니다. 포도 덩굴(나무?)이 자라면서 벌레가 둥치를 파고 들어가는 것을 예방하거나 치료하는 일도 어려운 일입니다. 벌레와 나방

이 새로 자란 줄기에 주둥이를 박고 수분을 빨아먹는 것도 농부를 낙담하게 합니다. 가지를 쳐야 하고, 전지를 해야 하며, 포도송이를 솎아주는 일도 전문성을 띤 작업일 터입니다.

 시인이 직접 포도 농사를 지었는지, 관찰자 입장에서 시를 빚었는지는 알 수 없습니다. 그러나 시인은 현실의 어려움보다 아름다운 서정을 작품에 반영하기 위해 애씁니다. 〈포도밭에 핀 보랏빛 웃음(열매의 은유)〉을 위하여 농부의 땀방울을 소환합니다. 그 땀방울이 배어들어 이랑이 촉촉하게 젖었다고 상상합니다. 땀방울이 촉촉이 밴 이랑에 농부들이 정담들을 뿌립니다. 이러한 비유적 표현이 시인의 특출한 언어 감각과 조화를 이룹니다. 또한 어제 뿌린 정담들이 향기로 흩날린다는 비유 역시 시인만의 개성 넘치는 표현입니다. 포도밭처럼 그리운 대상에 「고향의 그 산」이 존재하는가 봅니다.

   얼마 만인가
   사계절을 엮으며
   마음으로만 다녀오길 몇십 년

   멀리 고속도로 지나며
   고개 돌려 바라보던
   그 산 밑에서
   큰 저수지 지나 폭포 지나
   고승이 수도했다는 석굴을 지나

   <u>오르고</u> 또 <u>오르고</u>
   두 개의 정상 봉우리까지

그저 마음으로만 올라갔다 다시
내려오는 그 산

하루에도 몇 번씩
올라갔다 돌아오는 산
눈(眼) 속에서 오로지
50년대에 머물러 있는 그 산.
 - 「고향의 그 산」 전문

  시인은 '고향의 그 산'을 마음으로만 다녀오는 것 같습니다. <멀리 고속도로 지나며/ 고개 돌려 바라보던/ 그 산 밑>에 고향이 있다면, 6·25로 인하여 남북으로 갈라져 오갈 수 없는 고향은 아닌 것 같습니다. 결심만 하면, 어렵지 않게 오갈 수 있을 공간인데도 피치 못할 사정이 있었는지, 고향은 그리움의 공간으로만 남아 있습니다.
  정서적 '그 산'은 시인에게 눈 감고도 찾을 수 있는 추억의 공간으로 기능합니다. 고속도로 지날 때에 지나치던 그 산 밑에서 출발하여, 큰 저수지를 지나, 폭포를 지나, 고승이 수도했다는 석굴을 지나 산길을 오르면, 두 개의 정상 봉우리가 있는데, 눈 감아도 환한 그 길을 시인은 마음으로만 다녀옵니다. 하루에도 몇 번씩 올라갔다가 돌아오는 그 산길은 천변만화(千變萬化)하였을 터이지만, 시인의 내면에는 1950년대에 머물러 있습니다. 이는 1950년대에 그 길을 다녀왔거나, 여러 번 지나다녔으리라 유추하게 합니다. 그리하여 그의 정서적 세월은 청소년기에 머물러 있게 마련이고, 그리하여 한없이 그리운 대상으로 남아 있습니다.

4. 가슴에 담은 별 하나처럼

> 장마가 왔습니다
> 130㎜ 이상의 큰비가 예고되어 있습니다
> 날씨가 성질을 세게 부립니다
> 폭우가 대단합니다
> 그러나 두려워 말게 해주십시오
> - 「두려움 없습니다」 일부

이성자 시인은 어느새 고희(古稀, 70세) 고개를 훌쩍 넘은 분입니다. 시인으로 등단할 때에 고희를 넘기었으니, 작품을 창작하여 1시집을 발간하고, 다시 신작을 빚어 2시집을 발간한 것을 기준 삼은 추산입니다. 연세가 높아질수록 삶에 대한 노파심이 커지고 깊어집니다. 자연재해는 말할 것도 없고, 사람과 사람이 살아가는 세상도 걱정할 일이 참으로 많습니다.

마음이 약해질 때에 시인은 기도합니다. 〈천둥의 두드림과 번개의 불화살도 두려워 말게 해주십시오〉 간절히 기도합니다. 앞개울의 황토물이 범람하여 집 앞의 마당이 진흙탕이 되어도 두려워 말게 해달라고 기도합니다. 동시에 시인은 다른 피해를 입은 사람들을 찾아가 도와주실 것을 기도하며 주청(奏請)드립니다. 이와 같이 감사 기도를 드릴 수 있는 시인이어서 지치지 않는 용기를 내었을 터입니다.

> 가슴에 담은 별 하나로
> 피어나는 꽃

〉
먼 훗날
내 길 위에 소중한 흔적으로
뜨거움으로
활활 타오르는 햇불로

내 삶의 소망인
별이 되어
살아가는
인생길이 쉽지는 않은데

언덕길 오르듯 지쳐가는 이 길
최고이기보다는
최선을 다해
지치지 말고 용기를 내자.
　－「세월의 강」 전문

  시인에게 세상은 〈가슴에 담은 별 하나〉와 피어나는 꽃으로 동일시합니다. 자신이 가야 할 길 위를 비추는 소중한 빛으로 남기를 기도합니다. 밝은 별로 동방박사들에게 메시아 탄생지를 안내한 것처럼, 별은 세상에서 〈활활 타오르는 햇불〉의 역할을 담당합니다. 그리하여 시인은 소망처럼 '별'이 되어, 골고다 언덕길을 오를 때 지치는 자신을 부축해 달라고 기도합니다.
  기도 중에 시인은 〈최고이기보다는/ 최선을 다해/ 지치지 말고 용기를 내자〉고 다짐합니다. 이는 시인 자신에게 다짐하는 의미를 지니면서, 동시대를 살아가는 이웃들에게 주장하고 싶은 잠언(箴言)이기도 합니다. 이성자 시인은 시「기도」에서 〈기도에 마음을 담는다/ 기도를 하면/ 마음이 해맑게 웃는다〉라고 밝힌 바 있습니다. 기도를 통해 해맑은 시를 빚는 시인이기에 독자들도 정갈한 시심을 공유하리라 믿습니다. 이런 믿음으로 이성자 시인의 2시집에 수록된 작품 감상을 맺으며, 앞으로 그가 발간할 3시집을 기대합니다.

숲길을 걷다
이성자 제2시집

발 행 일 | 2024년 8월 27일
지 은 이 | 이성자
발 행 인 | 李憲錫
발 행 처 | 오늘의문학사
출판등록 | 제55호(1993년 6월 23일)
주   소 | 대전광역시 동구 대전로 867번길 52(삼성동 한밭오피스텔 401호)
전화번호 | (042)624-2980
팩시밀리 | (042)628-2983
카   페 | http://cafe.daum.net/gljang(문학사랑 글짱들)
인터넷신문 | www.k-artnews.kr(한국예술뉴스)
전자우편 | hs2980@daum.net
계좌번호 | 농협 405-02-100848(이헌석 오늘의문학사)

공 급 처 | 한국출판협동조합
주문전화 | (02)716-5616
팩시밀리 | (02)716-2999

ISBN 979-11-6493-342-6
값 10,000원

ⓒ이성자 2024

* 이 책의 판권은 저작권자와 오늘의문학사에 있습니다.
* 이 책은 E-Book(전자책)으로 제작되어 ㈜교보문고에서 판매합니다.
* 잘못 만들어진 책은 구입하신 서점에서 교환해 드립니다.

* 본 도서는 한국예술인복지재단 지원 사업으로 제작되었습니다.